Victor Schmidt

Die Entwickelung des Hinterendes

der Chorda dorsalis bei Siredon pisciformis

Victor Schmidt

Die Entwickelung des Hinterendes
der Chorda dorsalis bei Siredon pisciformis

ISBN/EAN: 9783744619028

Hergestellt in Europa, USA, Kanada, Australien, Japan

Cover: Foto ©ninafisch / pixelio.de

Weitere Bücher finden Sie auf **www.hansebooks.com**

Meinen Eltern.

Allen meinen Lehrern spreche ich hiermit meinen Dank aus für die wissenschaftliche Ausbildung, die ich während meiner Studienzeit erhalten habe.

Meinen Dank bitte ich auch Herrn Professor Dr. E. Rosenberg in Utrecht, früher in Dorpat, entgegennehmen zu wollen für die freundliche Anleitung und Anregung, in der Zeit, da ich mich in seinem Institut mit practischen Arbeiten beschäftigte. Ganz besonders fühle ich mich Herrn Professor Dr. D. Barfurth zu Dank verpflichtet, an dessen Institut ich jetzt stellvertretender Prosector zu sein die Ehre habe und dem ich das Thema verdanke, für die mir bei dieser Arbeit stets aufs liebenswürdigste erwiesene Hülfe in Rath und That.

Einleitung.

Seit längerer Zeit wissen wir, dass das regenerirte Schwanzende von Eidechsen und urodelen Amphibien nicht aus echten Wirbeln, sondern aus einem eigenthümlichen knorpeligen Gebilde besteht, dem man den Namen Knorpelrohr, Knorpelfaden, Knorpelstab u. s. w. gegeben hat.

Die erste auch auf die anatomischen Verhältnisse eingehende Beschreibung der Regeneration des Eidechsenschwanzes stammt aus dem Ende des XVII. Jahrhunderts von Perraut. Bei Beschreibung des sich regenerirenden Schwanzes einer Lacerta viridis von 7 Zoll Länge giebt er an „dass das regenerirte Stück keine Wirbel enthielt, sondern viel mehr eine Art Knorpel von dem Umfange einer dicken Nadel“ [1]).

Nach Perraut erscheint dann eine umfangreiche Literatur über diesen Gegenstand, deren Besprechung ich hier übergehe, da sie sehr genau in der angeführten Arbeit von Fraisse abgehandelt wird.

H. Müller wurde dann durch den auffallenden Befund an regenerirten Tritonenschwänzen, dass nämlich die Axe des regenerirten Wirbelsystems von einem continuirlichen Knorpelstrang gebildet wird, veranlasst, die Schwanzenden normaler Tritonen zu untersuchen und „dabei“, schreibt er, „zeigte sich in der That, dass bei unseren drei Tritonarten die Wirbelsäule nicht mit einem knöchernen Wirbel endigt, sondern in einen knorpeligen Strang

---

[1]) Perraut, de la Génèration des parties qui reviennent à quelques animaux après avoir étè coupées. Essai de physique, t. VII, MDCLXXXVIII, p. 1 etc. citirt nach P. Fraisse: Die Regeneration von Geweben und Organen bei den Wirbelthieren besonders Amphibien und Reptilien. Cassel und Berlin 1885, pag. 14.

ausläuft" [1]). Dieser Strang von unvollkommenem Knorpel sei zum grössten Theil in Wirbelkörper gegliedert und verliere sich ohne scharfe Grenze in reiches kleinzelliges Gewebe. Wie der Knorpelstrang im regenerirten Schwanz, so gliedere sich auch der im normalen Schwanz vorhandene „durch die Form und Anordnung der Knorpelzellen", indem in einem Wirbelkörper die Zellen mit ihren Höhlen grösser blasig werden, an den Intervertebralstellen dagegen seien sie senkrecht verlängert, aber von vorn nach hinten schmal.

Ueber die Entstehung dieses Knorpelstabes im regenerirten und normalen Schwanze spricht er sich folgendermassen aus: „Diese Bildung ist dadurch ausgezeichnet, dass sie ohne Chorda vor sich geht, welche auch in jenem Abschnitt der normalen Wirbelsäule nicht zu erkennen ist. Da dort ein directes Hervorgehen des ganzen Knorpelfadens aus der Chorda kaum anzunehmen ist, so darf wohl auch der reproducirte Knorpelstrang nicht als Chorda aufgefasst werden, wogegen die ganze Gliederung spricht, sondern muss als Aequivalent des Strangs von äusserer scelettbildender Substanz betrachtet werden, welcher aussen an der Chorda liegt. Allenfalls kann man die Sache so ansehen, dass der neue Knorpelfaden das Aequivalent der Chorda sammt äusserem Beleg ist, welche in dem reproducirten Theil der Wirbelsäule, unter wesentlich anderen Verhältnissen nicht zur Differenzirung gekommen sind" [2]).

Eine weitere kurze Mittheilung über diese Verhältnisse stammt von Flesch [3]), der auch die Entwickelung des von Müller bei normalen ausgewachsenen Tritonen untersuchten Endes der Schwanzwirbelsäule beschreibt; seine Untersuchungen hat er an Siredon pisciformis angestellt.

Bei Larven unter 20 mm hat Flesch noch nichts von dem Endstabe, wie er das von Müller als Knorpelstab beschriebene Gebilde nennt, gesehen.

„Die erste Anlage fand sich bei einer Larve von 25 mm

---

[1]) H. Müller: Ueber Regenaration der Wirbelsäule und des Rückenmarks bei Tritonen und Eidechsen. Frankfurt a. M. 1864, pag. 7.

[2]) H. Müller, l. c., pag. 21.

[3]) M. Flesch: Ueber das Schwanzende der Wirbelsäule. Sitzungsberichte der physical-medicin. Gesellschaft in Würzburg in den Verhandlungen der physical-medicin. Gesellschaft in Würzburg. Neue Folge, Bd. XIII, 1879, pag. XXX.

Länge, als ein kleiner, dem Chorda-Ende aufliegender, aber durch die Chordascheide von ihm abgesetzter Zellhaufen unter und etwas vor dem Ende des Rückenmarks. Die Untersuchung älterer Larven liess das Auswachsen dieses Zellhaufens zu einem ventral vom Medullarrohr gelegenen Zellstrang, den Uebergang des letzteren in Hyalinknorpel, das Auftreten der oben erwähnten Gruppenanordnung der Zellen erkennen".

Bei älteren Thieren bestehe das Ende der Wirbelsäule durchgehends aus hyalinem Knorpel; die Zellen sind zu Gruppen angeordnet, die am vorderen Ende des Stabes deutlicher hervortreten und je einem Wirbel entsprechen. „Es entbehrt dies Entstück der Wirbelsäule des Chordagewebes gänzlich. Letzteres findet schon weiter vorn seinen Abschluss; eine scharfe Grenzlinie bezeichnet die Stelle, wo das Chordagewebe endet und der knorpelige Endstab kappenartig demselben aufsitzt".

In einer Anmerkung fügt Flesch hinzu, dass nachträglich auch für jüngere Tritonen ganz derselbe Entwickelungsmodus, wie beim Axolotl, erkannt wurde. Ueber den Ursprung dieses „Endstabes" der geschwänzten Amphibien bemerkt Flesch, dass er aus Elementen hervorgehe, die selbstständig sind, weder zu dem Chordagewebe, noch zu deren Scheiden, noch auch zu den, beim Axolotl in der Nähe der Schwanzspitze zwischen deren Blättern nachweisbaren kleinen Zellen in Beziehung stehen. „Die microscopische Untersuchung zeigt, dass der Endstab nicht aus Chordagewebe besteht. Wenn man ihn aber auch zur Chorda zählen wollte, dann müsste man eine directe Abgliederung des Chordagewebes in Wirbel annehmen, eine Aufstellung, für welche bis jetzt analoge Beobachtungen in der hier besprochenen Wirbelform nicht existiren".

Die ausführlichen Mittheilungen, die Flesch an anderer Stelle folgen lassen wollte, sind meines Wissens nicht erschienen.

Zu einer anderen Ansicht über die Entstehung dieses Endstückes der Wirbelsäule gelangt Fraisse bei seinen Untersuchungen an erwachsenen Exemplaren von Pleurodeles Waltlii [1]).

---

[1]) P. Fraisse: Beiträge zur Anatomie von Pleurodeles Waltlii. Inaugural-Dissertation. Würzburg, 1880. Auch in den Arbeiten aus dem zoologisch-zootom. Institut in Würzburg. Bd. V, 1882. Würzburg, pag. 344 ff. (pag. 363).

Bei Beschreibung der Wirbelsäule dieses Thieres sagt er: „Die Wirbel werden naturgemäss immer schmäler und endigen zuletzt in einen Knorpelstab von sehr verschiedener Länge, in welchem sich keine Spur von Chorda mehr erkennen lässt. Den längsten, welchen ich beobachtete, habe ich in Fig. 5 abgebildet und *K. St.* bezeichnet; er misst 3,5 mm; es finden sich anfangs noch einzelne Segmente in ihm deutlich ausgeprägt, gegen das Ende zu verliert sich dies vollständig. Mit der Chorda hängt dies Gebilde nicht zusammen, denn es sitzt dem letzten Chordarest, die mit spitz zulaufender Chordascheide endigt, kappenartig auf. Der Knorpelstock geht am äussersten Schwanzende allmählich in ein zelliges Blastem ohne Grundsubstanz über, welches vielfach die von Strasser als dunkle prochondrale Elemente bezeichneten Gebilde erkennen lässt“ [1]).

Diese Stelle wiederholt Fraisse wörtlich in seiner Arbeit über die Regeneration [2]), erwähnt jedoch hier auch seine Befunde bei der Regeneration des Schwanzes von jungen Urodelenlarven. „Allerdings sitzt bei diesen kleinen Larven (Siredon pisciformis), die eine Grösse von 6—10 mm haben, der neugebildete axiale Stab nicht so kappenartig den letzten Chordazellen, die unverletzt geblieben sind, auf, wie das bei älteren Larven und den erwachsenen Thieren der Fall ist, sondern es scheint sogar mitunter, als ob die Elemente der Chordazellen direct in den regenerirten Knorpelstab übergingen. Ich konnte jedoch niemals beobachten, dass die hintersten unverletzten Chordazellen sich in irgend einer Weise modificirten oder gar zu embryonalen Zellen sich umwandelten, vielmehr ging eine lebhafte Proliferation von den seitlichen, die Chorda umfassenden Geweben aus, also von dem sceletogenen Gewebe, aus dem auch die regenerirte Wirbelsäule der ältesten Thiere entsteht“.

Diese verschiedenen Ansichten, sowie Befunde, auf die Prof. Barfurth bei seinen Studien über die Regeneration der Gewebe bei Amphibienlarven gestossen war, veranlassten ihn mir als

---

[1]) P. Fraisse l. c., pag. 13.

[2]) P. Fraisse: Die Regeneration von Geweben und Organen bei den Wirbelthieren, besonders Amphibien und Reptilien. Cassel und Berlin 1885, pag. 92.

Thema für die Dissertation die genauere Untersuchung der Entwickelung des erwähnten knorpeligen Gebildes vorzuschlagen.

Hiermit berichte ich nun über die Ergebnisse meiner Untersuchungen am Axolotl; äusserer Umstände wegen war ich leider verhindert, die Untersuchungen weiter auszudehnen, hoffe jedoch in nicht allzu langer Zeit eine weitere Arbeit aus diesem Gebiete mittheilen zu können.

Untersuchungsmethoden.

Die Untersuchung wurde ausgeführt an jungen Axolotl-Larven von einer Gesammtlänge von 6,5—33,0 mm.

Als Fixirungsflüssigkeit wurde bei den meisten Objecten Chromsäure in einer 1/4 %-igen Lösung benutzt. Die älteren Larven wurden zuerst einige Stunden mit Flemming'scher Lösung und dann mit Chromessigsäure behandelt, einige Exemplare auch in Kleinenberg'scher Picrinschwefelsäure fixirt.

Die Härtung geschah durch allmählich stärker werdenden Alcohol.

Der zur Untersuchung bestimmte Theil des Thieres, das Schwanzende in einer Länge von 0,5—1,0 cm wurde in toto gefärbt mit alcoholischem Borax-Carmin nach Grenacher oder mit Hämatoxylin nach Delafield.

Die Präparate wurden in Paraffin eingebettet und in continuirliche Schnittserien zerlegt, die Schnittdicke betrug in den meisten Fällen 7—8 μ, in einigen Fällen 10 μ und 5 μ.

Eigene Untersuchungen.

Die Chorda dorsalis ist ursprünglich als ein solider Strang von dicht aneinandergereihten Zellen angelegt, die jedoch bald derartige Veränderungen erleiden, dass die zellige Natur der Chorda undeutlich wird; es treten nämlich in den Zellen vacuolenartige Gebilde auf, die sich allmählich auf Kosten des Protoplasmas vergrössern, so dass letzteres mit dem in ihm liegenden Kern der Zelle und den Dotterplättchen schliesslich nur an der Peripherie der Zelle wahrnehmbar wird.

Diese Umbildung der ursprünglichen Chordazelle beginnt in der vorderen Körperhälfte und schreitet allmählich gegen das hintere Körperende fort. Man kann daher in Präparaten aus diesem Zeitabschnitt der Entwickelung die Chorda dorsalis im vorderen Theil bereits umgewandelt finden, während das Schwanzende noch im ursprünglichen Zustand erscheint.

Sagittale Längsschnitte durch Axolotllarven von 6,5—8,0 mm Gesammtlänge lassen in der vorderen Körperhälfte die Chorda dorsalis bereits weit in der Umwandlung fortgeschritten erkennen; sie besteht da aus grossen lichten, unregelmässig polygonalen Räumen, die durch Scheidewände von einander getrennt werden. Diese letzteren weisen eine körnige Beschaffenheit auf und es liegt ihnen ein feiner Saum von Protoplasma an, in dem sich noch Dotterplättchen vorfinden, und der mehr oder weniger abgeplattete Kern.

Nach aussen schliesst sich an den umgewandelten centralen Theil der Chorda eine relativ breite Schicht von Protoplasma an mit zahlreichen Dotterplättchen, die protoplasmatische Rindenschicht von Götte.[1]) Dieser Rindensaum stellt eine continuirliche Schicht dar, in dem ich in diesem Stadium keine Zellgrenzen erkennen konnte und der stellenweise breiter erscheint. An diesen breiteren Stellen ist dann ein noch grosser runder Kern nachweisbar, bisweilen durch reichliche Dotterplättchen verdeckt.

Die Scheidewände konnte ich bis an den Rindensaum verfolgen, in demselben konnte ich sie jedoch nicht wahrnehmen.

Zu beiden Seiten der Chorda nach aussen vom protoplasmatischen Rindensaum, dicht demselben anliegend, zieht eine feine, stärker lichtbrechende continuirliche Linie, die innere Chordascheide. Während diese Scheidewände in der Chorda eine feine Granulirung erkennen lassen, konnte ich an der erwähnten Chordascheide keine körnige Beschaffenheit erkennen; auch konnte ich mich nicht überzeugen, dass die Scheide in irgend welchem Zusammenhang mit den Scheidewänden stehe.

Von einer äusseren Scheide — der sceletogenen Schicht —

[1]) Al. Götte. Entwikelungsgeschichte der Unke (Bombinator igneus) Leipzig, 1875, pag. 354.

habe ich bei Thieren dieser Grösse (6,5—7,5 mm) noch nichts erkennen können; weder lagen auf Sagittalschnitten irgend welche Kerne der Chorda dicht an, noch lassen Flachschnitte längs der Oberfläche der Chorda Zellen wahrnehmen, die sich irgendwie von dem umgebenden Gewebe unterscheiden lassen und als äussere Chordascheide zu deuten wären; auf der dorsalen Seite liegt der Chorda dicht das Rückenmark an, während sie auf der ventralen Seite von indifferentem Gewebe mit grossen Kernen und zahlreichen Dotterplättchen umgeben ist.

In der Mitte des Thieres erscheinen die Chordazellen schmäler, die Kerne sind grösser, nehmen in manchen Zellen noch die ganze Breite derselben ein, die protoplasmatische Rindenschicht ist breiter, als im vorderen Theil des Präparats; das körnige Protoplasma mit den Dotterplättchen reicht in manchen Chordazellen noch weit in dasselbe hinein, doch liegen auch hier einzelne Kerne an der Peripherie.

Einen noch früheren Entwickelungszustand weist das Schwanzende der Chorda auf, Fig. I.

Hier sind die Chordazellen noch schmäler, ihr Breitendurchmesser übertrifft um ein bedeutendes den Höhendurchmesser; die Kerne *(a)* sind lang gestreckt, schmal und liegen dicht bei einander, mehr in der Mitte der einzelnen Zelle, während an der Peripherie der Chorda gar keine Kerne vorhanden sind; stellenweise liegen auch noch grosse runde Kerne in den Zellen *(b)*, die sich durch ihre blassere Färbung vor den andern auszeichnen. Die lichten hyalinen Stellen sind verhältnissmässig klein und nehmen gegen das Ende zu noch mehr an Grösse ab, während das Protoplasma mit den eingeschlossenen Dotterplättchen fast die ganze Zelle erfüllt. Hier, wo die Zellen noch in einem frühen Stadium der Umwandlung sind, konnte ich die Zellgrenzen bis dicht an die innere Scheide verfolgen und von einer protoplasmatischen Rindenschicht kann in sofern nicht gesprochen werden, als die Zellen noch zum grössten Theil protoplasmatisch sind.

Das äusserste Ende der Chorda verliert sich in dem umgebenden Gewebe und es ist selbst bei Betrachtung mit homogener Immersion nicht möglich, genau das Ende festzustellen. Ich habe jedoch den Eindruck gewonnen, dass die beiden grossen in der Figur mit *Ck* bezeichneten Kerne noch Chordazellen angehören.

Die innere Scheide *(Is)*, die weiter nach vorn zu die Chorda als feine Linie begrenzte, wird zum Schwanzende hin undeutlicher und verliert sich schliesslich ganz in der äussersten Rindenschicht der Chordazellen.

Das Schwanzende eines nur wenig älteren Thieres (8,0 mm) zeigt die Chorda zum grössten Theil umgewandelt.

Das Protoplasma der grossen hyalinen Zellen ist noch in geringen Mengen an den Scheidewänden sichtbar, enthält aber bereits weniger Dotterplättchen; die Kerne sind zum grössten Theil, soweit sie den Scheidewänden anliegen, mehr oder weniger platt. Der protoplasmatische Rindensaum ist noch eine continuirliche Schicht, die jedoch an einigen Stellen stark verschmälert ist, an anderen breiter erscheint und zwar gewöhnlich dort, wo die Scheidewände an die Rindenschicht anstossen, hin und wieder auch zwischen zwei Scheidewänden.

Die innere Scheide ist deutlicher als im vorherbeschriebenen Präparat und erscheint dicker als die Scheidewände der einzelnen Zellen.

Auf einzelnen Schnitten der Serie liegen der Chorda vereinzelte grosse Kerne an, die sich in nichts von den umgebenden Bindegewebskernen unterscheiden.

Ein Schnitt, der die Oberfläche der Chorda getroffen hat, zeigt auf der letzteren grosse runde, ziemlich nah bei einander stehende Kerne, die von relativ reichlichen Mengen Dotterplättchen umgeben sind; ob jedoch diese Kerne der äusseren Scheide zuzurechnen sind, scheint mir zweifelhaft, denn es ist auffallend, dass auf den meisten Schnitten, die die Chorda sagittal getroffen haben, die der Chorda anliegenden Kerne sich nur vereinzelt finden, während sie auf dem Flachschnitt in nicht grossen Abständen von einander liegen; ferner sind diese auf dem Flachschnitt der Chorda aufliegenden Kerne von bedeutend grösseren Mengen Dotterplättchen umgeben, als die auf Sagittalschnitten durch die Chorda ihr anliegenden Kerne. Ueberhaupt enthält das die Chorda umgebende Gewebe geringere Mengen Dotterplättchen als der protoplasmatische Rindensaum der Chorda, so dass ich diese auf Flachschnitten getroffenen und der Chorda scheinbar aufliegenden Kerne für Kerne der protoplasmatischen Rindenschicht halte.

Gegen das äusserste Schwanzende der Chorda nehmen die hyalinen Zellen an Grösse ab, ihre Ausdehnung von vorn nach hinten wird geringer, die Kerne sind weniger abgeplattet und mehr in der Mitte der einzelnen Zelle gelegen, so dass eine protoplasmatische Rindenschicht mit eingeschlossenen Kernen noch nicht vorhanden ist. Die Form der Kerne ist eine mannigfaltige, je nach ihrer verschieden weit fortgeschrittenen Abplattung; das äusserste Schwanzende der Chorda besteht aus Zellen, die in allen Dimensionen kleiner sind, als in dem weiter nach vorn gelegenen Theil. Die grossen in der Mitte der Zelle gelegenen Kerne füllen diese fast ganz aus, und nur zu beiden Seiten der Kerne sind hyaline Stellen im dotterplättchenhaltigen Protoplasma sichtbar. Jedoch schien es mir, dass einige Zellen keine hyalinen Stellen aufwiesen und ihr Protoplasma unverändert behalten hatten.

Die innere Scheide nimmt allmählich gegen das Ende hin an Dicke ab und ist auch hier am äussersten Ende nicht mehr zu erkennen. Ebensowenig ist eine äussere Scheide am Ende der Chorda vorhanden, es liegen keine Zellen unmittelbar der Chorda an, die ich für Zellen der sceletogenen Schicht ansehen könnte.

Ein Thier von 10 mm Gesammtlänge zeigt im Schwanztheil der Chorda den protoplasmatischen Rindensaum noch mehr verschmälert. An den Stellen, wo sich die Scheidewände ansetzten, drängt er sich in Form eines Dreiecks zwischen die Chordazellen vor und enthält dort die noch grossen ovalen Kerne, umgeben von Dotterplättchen. Diese dreieckigen protoplasmatischen kernhaltigen Stellen halte ich für Zellen, die durch die Ausdehnung der hyalinen Zellen an die Peripherie gedrängt und vielleicht comprimirt worden sind und das „Chordaepithel" darstellen, wie es Gegenbaur[1]) genannt hat. Zwischen je zwei Scheidewänden ist der Rindensaum meistens bedeutend verschmälert, an einigen Stellen kaum wahrnehmbar, enthält jedoch noch Dotterplättchen.

---

[1]) C. Gegenbaur: Ueber die Entwickelung der Wirbelsäule von Lepidosteus mit vergleichend-anatomischen Bemerkungen. Jenaische Zeitschrift für Medicin und Naturwissenschaft, Bd. II, Leipzig 1867, pag. 375. — C. Gegenbaur: Ueber das Sceletgewebe der Cyclostomen. Jenaische Zeitschrift für Medicin und Naturwissenschaft, Bd. V, Leipzig, 1870, pag. 57.

Die Scheidewände erscheinen dicker als in den früheren Stadien, die Körner sind in ihnen bis auf geringe Reste geschwunden, ihre Beschaffenheit ist homogen; ihnen liegen noch geringe Mengen Protoplasma an, erkennbar durch eine feine Körnung. Dasselbe schliesst an manchen Stellen, namentlich dort, wo mehrere Scheidewände an einander stossen, platte, mannigfaltig gestaltete Kerne ein.

Dorsal und ventral wird die Chorda auf dem Sagittalschnitt von der als eine dunkle Linie erscheinenden inneren Scheide umsäumt.

Von der Anwesenheit einer äusseren Scheide konnte ich mich auch an diesem Präparat nicht überzeugen; auf dem Sagittalschnitt lag der Chorda dorsal das Rückenmark so dicht an, dass für andere Zellen zwischen beiden Organen nicht einmal Platz war, ventral befand sich ein von Dotterplättchen durchsetztes Gewebe, gebildet von strahlenförmigen Zellen mit grossen runden Kernen. Ganz allmälig verändern sich auch hier gegen das äusserste Schwanzende die Chordazellen, sie nehmen an Breite ab; die Kerne liegen theils in der Mitte der Zelle, sind verhältnissmässig gross, wenig abgeplattet, theils sind sie mehr an die Peripherie gedrängt; die Breite der Zellen nimmt nach dem äussersten Ende der Chorda zu allmählich ab; die Kerne erscheinen verhältnissmässig grösser, in einigen Zellen sind sie die langen platten Gebilde, wie sie in früheren Stadien in der ganzen Chorda vorhanden waren. Das dotterplättchenhaltige Protoplasma füllt, je näher zum Schwanzende desto mehr, die Zellen aus und wird von hyalinen Stellen durchsetzt, die ihrerseits immer kleiner werden, bis sie am äussersten Schwanzende nur als helle Stellen von der Grösse eines grösseren Dotterplättchens in die Erscheinung treten. Hier werden dann auch die Zellgrenzen undeutlich. Einige Zellen sind durchweg protoplasmatisch, entbehren vollständig der hyalinen Stellen und erscheinen kleiner als die anderen.

Die innere Scheide nimmt allmählich zum Ende hin an Dicke ab und umgiebt auch hier nicht die Chorda bis an's letzte Ende, sondern verliert sich in der Rindenschicht der letzten Chordazellen.

Die bisher beschriebenen Präparate stellen das zweite Entwickelungsstadium der Chorda dorsalis dar, wenn ich als erstes dasjenige annehme, in welchem die Chorda noch durchweg aus protoplasmatischen embryonalen Zellen besteht.

In diesem 2. Stadium entstehen die hyalinen Tropfen, und vergrössern sich auf Kosten des Protoplasmas, welches mit den eingeschlossenen Dotterplättchen an die Peripherie gedrängt wird und allmählich verschwindet. Gleichzeitig schwinden auch die Dotterplättchen; das äusserste Schwanzende weist jedoch immer weniger fortgeschrittene Verhältnisse auf.

Das nächste von mir untersuchte Stadium hat eine Gesammtlänge von 12,0 mm; die Chordazellen im Bereich des von mir untersuchten Stückes entbehren vollständig der Dotterplättchen; das Protoplasma ist an den Scheidewänden nur hin und wieder in ganz geringen Mengen anzutreffen.

Von einer protoplasmatischen Rindenschicht ist hier bereits nichts mehr vorhanden; das Protoplasma der hyalinen Zellen ist bis auf äusserst geringe Reste, die der inneren Scheide als feiner Saum hier und da anliegen, geschwunden, dagegen ragen jetzt die auf dem Längsschnitt dreieckig erscheinenden und breitbasig der inneren Scheide aufsitzenden „Chordaepithelzellen" zwischen je zwei hyaline Zellen vor.

Im Innern der hyalinen Zellen, dort wo mehrere Scheidewände aneinanderstossen, aber auch anderweitig den Scheidewänden anliegend, finden sich bald abgeplattete, bald grosse mannigfaltig gestaltete Kerne.

Die innere Scheide ist eine continuirliche, im Präparat dunkel erscheinende Linie.

Zum Ende hin verschmälert sich die ganze Chorda, die Kerne erscheinen nur mehr oder weniger in der Mitte der Zelle, nicht an der Peripherie; das äusserste Ende der Chorda wird von kleinen Zellen gebildet, deren grosse Kerne in der Mitte der Zelle sich finden. Sie nehmen fast die ganze Breite je einer Zelle ein und bieten in ihrer Gesammtheit einen epithelartigen Anblick; das Protoplasma der Zelle ist noch in reichlicher Menge vorhanden, während die Vacuolen klein sind und auf dem Sagittalschnitt dorsal und ventral vom Kern angeordnet sind; einige Zellen scheinen mir auch hier durchweg protoplasmatisch zu sein.

Auch hier ist eine innere Scheide am äussersten Ende nicht wahrnehmbar.

Von dem Vorhandensein der äusseren Scheide konnte ich mich auch in diesem Stadium nicht überzeugen; im vorderen

Theil eines in Sagittalschnitte zerlegten Schwanzendes liegt auf der dorsalen Seite der Chorda dicht das Rückenmark an, zwischen beiden Organen habe ich keine Zelle gesehen; auf der ventralen Seite liegen zahlreiche Bindegewebszellen mit grossen runden Kernen, andere Kerne liegen der Chorda ganz dicht an; ob diese nun zur äusseren Scheide zu rechnen sind, ist eine Frage, die ich eher zu Ungunsten der äusseren Scheide entscheiden möchte, da sie sich mir in nichts von den Bindegewebszellen zu unterscheiden schienen; und wenn die äussere Scheide auch vorhanden ist, so besteht sie doch nur aus einzelnen Zellen und bildet keine continuirliche zusammenhängende Schicht.

Am äussersten Ende der Chorda ist eine äussere Scheide jedenfalls nicht vorhanden.

Das Schwanzende eines Thieres von derselben Gesammtlänge, wie das vorher beschriebene (12,0 mm), zeigt bereits fortgeschrittenere Verhältnisse.

Das Protoplasma an den Scheidewänden ist nur an ganz vereinzelten Stellen wahrnehmbar, das Chordaepithel besteht aus einzelnen durch grosse Zwischenräume getrennte Kerne, die ihren Sitz hauptsächlich an den Stellen haben, wo zwei hyaline Zellen an der inneren Scheide aneinanderstossen.

Das äusserste Schwanzende der Chorda ist im Vergleich zu den vorderen Theilen verschmälert. Hier fehlt die Reihe von kleinen Chordazellen mit den central gelegenen grossen Kernen, wie sie am kurz vorher beschriebenen Präparat das Ende der Chorda bildeten, dagegen findet sich eine Gruppe von Zellen mit verhältnissmässig grossen Kernen und reichlichem Protoplasma, in welchem einige Vacuolen sichtbar sind. Dieses Umstandes wegen und weil die Zellen so unmittelbar der letzten hyalinen Zelle anliegen, dass sie mit der ganzen Chorda ein einheitliches Ganze bilden, scheint mir kein Zweifel darüber bestehen zu können, dass diese Zellgruppe das Ende der Chorda sei.

Die innere Scheide, die im vorderen Theil des Präparates als ein dunkler Saum die Chorda begrenzte, verliert sich auch hier zum Ende hin; eine feine Linie bildet im äussersten Ende eine Fortsetzung der Scheide, kann jedoch meines Erachtens nicht als innnere Scheide aufgefasst werden, da sie sich unmittelbar in die letzten Scheidewände fortsetzt, somit jede von den letzten

Chordazellen allseitig von der inneren Scheide umfasst werden würde; mir scheint es richtiger zu sein, diese feine dunkle Linie als verdichtete Wandschicht des Protoplasmas zu deuten, während die Bildung der inneren Scheide noch nicht bis an's Ende vorgedrungen ist.

In den weiter nach dem Kopf gelegenen Theilen dieses Präparates fallen einige Zellen mit platten spindelförmigen Kernen auf, die auf dem Sagittalschnitt der Chorda an der ventralen Seite anliegen, auf der dorsalen Seite aber zwischen ihr und dem Rückenmark fehlen. Auf dem Schnitt, der die Chorda längs ihrer Oberfläche getroffen hat, liegen ihr grosse ovale, mit ihrem grössten Durchmesser meistens senkrecht zur Längsaxe der Chorda gerichtete Kerne auf, die von einem schmalen lichten Saum, an den sich das körnige Protoplasma anschliesst, umgeben sind; diese Zellen scheinen mir die ersten Anfänge einer äusseren Scheide zu sein. Die Zellen liegen zunächst noch in recht weiten Abständen von einander und werden zum Schwanzende hin noch seltener, so dass sie am äussersten Ende noch gar nicht vorhanden sind.

Vom Schwanzende eines wenig älteren Axolotls von 12,5 mm Gesammtlänge stellt Fig. II einen Sagittalschnitt dar.

Dorsal von der Chorda liegt das Rückenmark, ventral das grosse Gefäss, die Arteria caudalis. Die Chorda selbst läuft verschmälert aus.

Im proximalen Theil des Präparats (oralwärts) liegen an der Peripherie der Chorda Kerne von geringen Mengen Protoplasma umgeben, welche sich keilförmig zwischen zwei hyaline Zellen einschieben — „das Chordaepithel"; — einige grosse Kerne liegen in der Mitte der Chordazellen; am äussersten Ende fallen die im Verhältniss zu den Zellen grossen Kerne auf, die in der Mitte der Zellen gelegen sind; die Zellen selbst sind nur zum geringen Theil hyalin, zum grossen protoplasmatisch; den Schluss der Chorda bildet ein grosser Kern, der seine Zugehörigkeit zur Chorda dadurch beweist, dass er ihr dicht anliegt und im zugehörigen Zellleibe eine hyaline Stelle sich gebildet hat.

Der in der Nähe des Chordaendes befindliche Kern *(Bz)* gehört einer Bindegewebszelle an, da von ihr, wie es bei Betrachtung mit der Immersion hervortritt, feine Bindegewebsfasern ausgehen.

*

Die innere Scheide ist im Anfangstheil der Figur deutlich als eine continuirliche dunkle Linie *(IS)* zu erkennen; gegen das Ende verliert sie sich auch hier in den Zellgrenzen der letzten noch theilweise protoplasmatischen Chordazellen.

Von einer äusseren Scheide ist am Ende der Chorda nichts zu erkennen, es sei denn, dass man die zwischen der Chorda und dem Gefäss gelegenen kleinen Zellen als zur äusseren Scheide gehörig ansieht. Mir scheinen diese, wie auch die auf der dorsalen Seite befindlichen zwei kleinen Zellen nur Bindegewebszellen zu sein.

In dem weiter oralwärts gelegenen Theil der Chorda, der auf der Figur nicht mehr gezeichnet wurde, ist die äussere Scheide vorhanden als eine einschichtige Lage von Zellen in verhältnissmässig grossen Abständen von einander hauptsächlich auf der ventralen Seite, während sie auf der dorsalen bedeutend spärlicher sind. Sie erscheinen auf Längsschnitten als annähernd spindelförmig, auf Flachschnitten gross, oval und durch ihre Grösse sich von den Bindegewebszellen unterscheidend, deren Grenzen nicht deutlich hervortreten.

Ein Sagittalschnitt durch das Schwanzende eines Axolotls von 13,5 mm Gesammtlänge ist in Fig. III, bei homogener Immersion abgebildet. Die Chorda läuft auch hier etwas verschmälert aus und ist nach der ventralen Seite gekrümmt, ein Verhalten, das recht häufig ist; an manchen Präparaten ist sogar eine leicht S-förmige Krümmung vorhanden, indem das Chordaende sich zuerst nach der ventralen Seite biegt, dann aber mit der Spitze wieder dorsal gegen das Rückenmark hin gerichtet ist.

Auch bei diesem Thiere weist das Schwanzende der Chorda einen noch nicht vollständig ausgebildeten Zustand auf; die Kerne der Zellen sind gross, die Zellen selbst klein; das äusserste Ende bilden drei dicht bei einander liegende Kerne, von denen der eine eine Mitose aufweist; die zugehörigen Zellen sind noch nicht vollständig umgewandelt, indem in denselben noch breite Züge körnigen Protoplasmas zu erkennen sind; an der letzten Scheidewand liegt ein annähernd sichelförmig gestalteter Kern (*a*) der durch die Ausdehnung der hyalinen Massen abgeplattet ist; nach aussen ist dieser äusserste Abschnitt der Chorda von einem verwaschenen leicht körnigen Saum eingefasst, der jedenfalls nicht als innere Chordascheide anzusehen ist; da diese sich unter allmählicher

Dickenabnahme bereits früher in den Zellgrenzen des Chordagewebes verloren hat. Dieser Saum ist nichts anderes als ein Rest des Zellprotoplasmas.

Wie die Figur zeigt, ist auch hier von einer äusseren Chordascheide nichts wahrzunehmen, wenn man nicht den mit *Bz* bezeichneten Kern einer Zelle der äussern Scheide zuschreiben will; er kann jedoch auch einer Bindegewebszelle angehören, welche Annahme meiner Ansicht nach die grössere Wahrscheinlichkeit für sich hat, da auf der dorsalen Seite das Rückenmark der Chorda auf weite Strecken dicht anliegt, ohne dass eine einzige Zelle zwischen beiden Organen zu finden wäre. Auf der ventralen Seite finden sich in ziemlich grossen Abständen einzelne Kerne, die ich zur äusseren Scheide rechne; es besteht jedoch die letztere noch nicht aus einer continuirlichen Schicht.

In den folgenden Entwickelungsstadien des Axolotls erhielt ich an jedem Präparat auf Sagittal- und Frontalschnitten ähnliche Bilder wie die vorher beschriebenen; stets lagen am Ende der Chorda einige Zellen, die unzweifelhaft der Chorda angehörten und in ihrem Verhalten mehr oder weniger von den hyalinen Zellen der Chorda in ihrem proximalen Theil abwichen; sie waren vor allem kleiner, ihre Kerne verhältnissmässig gross, mehr in der Mitte der Zelle gelegen; der Zellleib war mehr oder weniger noch protoplasmatisch mit grösseren und kleineren hyalinen Stellen.—In diesen späteren Stadien war es jedoch im Vergleich mit den früheren auffallend, dass diese letzten Chordazellen in ihrer Umwandlung häufiger auf einem früheren Stadium angetroffen wurden, als bei jüngeren Thieren, indem die hyalinen Massen spärlicher, die Zellen an und für sich kleiner, auch die letzten bereits vollständig hyalinen Zellen kleiner waren, während die Scheidewände im Verhältniss zu den kleineren Zellen dicker erschienen als die Scheidewände an den letzten Chordazellen jüngerer Thiere; das Ganze macht den Eindruck, als ob die Umwandlung in die hyalinen Chordazellen eine trägere ist und langsamer fortschreitet, dagegen die Bildung neuer protoplasmatischer Zellen ihren Fortgang nimmt, da an einigen Präparaten Kernfiguren an den Kernen der letzten Chordaepithelzellen und den Kernen der noch theilweise protoplasmatischen Zellen angetroffen wurden.

Das Verhalten der inneren Chordascheide blieb am Chordaende

immer ebenso wie an den früher beschriebenen jüngeren Larven; ich konnte mich nie davon überzeugen, dass sie bis ans äusserste Ende der Chorda reicht; in den vorderen Abschnitten hatte sie bereits eine bedeutende Mächtigkeit erlangt, wurde zum Ende hin ganz allmählich dünner, um am äussersten Ende sich ganz zu verlieren; hier treten dann die peripheren noch protoplasmatischen Theile der Chordazellen deutlich hervor durch ihre feine Körnung, während die Scheide von homogener Beschaffenheit ist, oder, wo sie dünn ist, als eine dunkle scharf gezeichnete Linie erscheint. Nie hört die innere Scheide plötzlich auf, sondern so allmählich, dass es unmöglich ist, genau den Punct anzugeben, wo sie aufhört; an manchen Präparaten macht es den Eindruck, als ob die innere Scheide in die Scheidewände der letzten hyalinen Zellen direct übergeht, so dass dann jede Chordazelle allseitig von der inneren Scheide umfast wäre, was wohl nicht gut anzunehmen ist; ich glaube daher, dass dann an diesen Stellen die Scheide noch gar nicht oder erst in den Anfängen vorhanden ist, während ein grosser Theil des als Scheide erscheinenden Saumes eine verdichtete Protoplasmaschicht ist.

Die äussere Scheide nimmt im weiteren Verlauf der Entwickelung naturgemäss auch an Ausdehnung zu und erscheint schon als mehr zusammenhängende einschichtige Zelllage; ich war jedoch nicht im Stande, sie am äussersten Ende als eine continuirliche Schicht nachzuweisen; es waren immer nur einzelne Kerne, die entweder auf Sagittalschnitten der Chorda dicht anlagen oder auf Flachschnitten ihr auflagen.

Zu dieser Zeit zeichnet sich auch das die Chorda umgebende Gewebe durch grösseren Zellenreichthum aus und kommt es hin und wieder vor, dass ein Kern oder mehrere Kerne dicht bei der Chorda anzutreffen sind; sie konnten jedoch immer als Kerne von Bindegewebszellen erkannt werden und standen in keiner Beziehung zur Chorda.

Eine Bestätigung dieser an Sagittal- und Frontalschnitten gewonnenen Befunde giebt eine Querschnittserie durch das Schwanzende eines Axolotls dieser Entwickelungsperiode. In den Schnitten durch den proximalen Theil wird die Chorda von einer wohl ausgebildeten inneren Scheide rings umfasst, welcher nach innen zu die Chordaepithelzellen anliegen. Letztere sind jedoch nicht als eine continuirliche Lage um den ganzen Querschnitt angeordnet, sondern erscheinen als einzelne Zellen mit verhältnissmässig grossen Kernen dicht an der inneren Scheide und schieben sich zwischen je zwei hyaline Zellen vor. Vereinzelte Kerne liegen auch in der Mitte der hyalinen Zellen den Scheidewänden an.

Nach aussen von der inneren Scheide finden sich die hier länglich erscheinenden platten Kerne der äusseren Scheide so angeordnet, dass auf jedem Querschnitt nur einzelne sichtbar sind getrennt durch grosse Zwischenräume.

Gegen das Ende zu nimmt die innere Scheide stetig an Dicke ab, es folgen Schnitte, in denen sie als feine dunkle Linie nur stellenweis auf dem Querschnitt sichtbar ist, bis sie schliesslich auf einer Anzahl von Schnitten, die das äusserste Ende der Chorda getroffen, gar nicht mehr vorhanden ist, sondern nur ein feingekörnter Saum die Chordazellen gegen die Umgebung abgrenzt.

Auf einen Schnitt, der noch eine hyaline Chordazelle enthält. die von einer Anzahl Kerne umgeben ist, folgt dann ein Schnitt, auf dem keine hyaline Zelle mehr vorhanden ist, sondern eine durchweg protoplasmatische mit grossem Kern, die sich schon dadurch von den Bindegewebszellen unterscheidet, dass ihr Zellleib sich mit Hämotoxylin schwach gefärbt hat, während die Bindegewebszellen sich nie färben.

Die Zellen der sceletogenen Schicht treten, je näher zum Ende, um so spärlicher auf, schliesslich kommen sogar Schnitte, auf denen gar keine Zelle der Chorda anliegt, so dass darin die Querschnittserie meine Befunde an Längsschnitten bestätigt.

Nach dem Schwunde der Dotterplättchen bleibt die Chorda in ihrer Structur unverändert bestehen, die Zellen vergrössern sich nur und es tritt die äussere Scheide auf. Das äusserste Schwanzende wird jedoch aus Zellen gebildet, die noch nicht vollständig hyalin sind, sondern noch grössere oder geringere Mengen Protoplasma enthalten; es findet somit am candalen Ende eine stetige Bildung neuer hyaliner Zellen statt, wodurch das dritte Entwickelungsstadium der Chorda gegeben wird.

Bei einigen Präparaten, die Thieren von derselben Gesammtlänge entstammen, wie die letzten vorher beschriebenen (16 mm), werden jedoch andere Verhältnisse am äussersten Schwanzende bemerkbar; es schliesst sich nämlich an die letzte hyaline Zelle der Chorda eine grössere Anzahl rein protoplasmatischer Zellen an, während sie bisher nur vereinzelt vorhanden waren und Zeichen einer hyalinen Umwandlung aufwiesen. Hier dagegen kann man nichts von einer Umwandlung erkennen.

In diesen Zellen sind an einigen Präparaten dunkle kleine oder grössere Körner aufgetreten, die früher nicht vorhanden waren. Dass diese Zellgruppe der Chorda angehört, beweist das Verhalten der inneren Scheide zu ihr. An einer Serie von Sagittalschnitten ist deutlich sichtbar, wie die bereits ziemlich stark entwickelte innere Chordascheide auf der ventralen Seite einen Theil dieser Zellgruppe umfasst und sich dann verliert, während auf der dorsalen, dem Rückenmark zugekehrten Seite bereits an den letzten kleineren hyalinen Zellen keine eigentliche innere Scheide vorhanden ist.

Ein Sagittalschnitt aus einer anderen Serie zeigt, wie die auch hier recht mächtige innere Chordascheide an der Grenze der letzten und vorletzten hyalinen Zelle sich wie in zwei Blätter spaltet, von denen das eine die Scheidewand zwischen diesen beiden Zellen bildet, während das andere sich weiter als Fortsetzung der inneren Scheide erstreckt um sich dann in der Rindenschicht der protoplasmatischen Zellen zu verlieren.

Eine äussere Scheide war am Ende wenigstens auf diesen Sagittalschnitten, wie auch auf einer Serie von Frontalschnitten, die dieselben Verhältnisse darbot, nicht wahrzunehmen, selbst dort, wo das Rückenmark nicht unmittelbar der Chorda anlag. Es fanden sich wohl in der Nähe des Chordaendes auf der ventralen Seite einige kleine Zellen, die aber nur Bindegewebszellen waren, da dem Chordaende sonst kar keine Zellen anlagen.

Fig. IV stellt ein etwas weiter fortgeschrittenes Stadium dieser Verhältnisse dar. Wir sehen hier auf die letzte hyaline Chordazelle eine Gruppe von Zellen folgen, die als die directe Fortsetzung der Chorda erscheint. Die Zellen liegen dort dicht bei einander; die Zellgrenzen sind nicht wahrzunehmen, von einer Intercellularsubstanz ist nichts vorhanden; die Kerne sind rund. Diese Zellgruppe ist die erste Anlage des Gebildes, welches von den früheren Beobachtern als „Knorpelstab“ bezeichnet wurde. Meine Untersuchungen haben mich zu der Ueberzeugung gebracht, dass dieser Knorpelstab nichts ist als das modificirte Chordaende selber und deshalb werde ich denselben nach dem Vorschlage von Prof. Barfurth[1]) von jetzt an als Chordastab bezeichnen.

Auf der dorsalen Seite des zuletzt erwähnten Präparats lässt sich die innere Scheide *(IS)* auf den Anfang dieser Zellgruppe verfolgen, nachdem sie jedoch an Dicke abgenommen hat, und verschwindet schliesslich ungefähr in der Mitte der Längenausdehnung der Zellgruppe vollständig; auf der ventralen Seite erscheint sie überhaupt feiner, lässt sich aber auch hier eine Strecke weit auf die Zellgruppe verfolgen.

Auf der ventralen Seite liegt ferner der Zellgruppe eine Reihe von Kernen an *(Bz)*, deren zugehörige Zellleiber nicht deutlich abgrenzbar sind und die vielleicht der äusseren Scheide zugezählt werden könnten. Allein es erscheint mir dann auffallend, dass dem mehr proximalen Theil der Chorda nur äusserst wenige Zellen anliegen, wie es auch die Figur zeigt, wo auf der dorsalen Seite nur drei Kerne, die sich ausserdem durch ihre Grösse auszeichnen, anliegen, auf der ventralen dagegen nur einer; auch die Durchmusterung der Serie giebt keine Anhaltspuncte dafür, dass die äussere Scheide hier schon stark entwickelt wäre, es erscheint vielmehr im Gegentheil, dass die äussere Scheide in den oralwärts gelegenen Theilen deutlicher ausgesprochen ist, zum Schwanzende hin aber nur in einzelnen Kernen vorhanden ist, so dass ich diese Reihe von Zellen, die die Zellgruppe am Ende der Chorda umgiebt, für Bindegewebszellen ansehe.

Ein noch weiter fortgeschrittenes Stadium ist in Fig. V abgebildet. Die ursprünglich kleine Zellgruppe hat bedeutend an Mächtigkeit zugenommen und stellt das Schwanzende der Chorda dar; in dem proximalen Theil des ganzen Gebildes sind die Zellgrenzen, wenn auch nicht in ihrer ganzen Ausdehnung, so doch stellenweise zu erkennen.

Auffallend ist hier die Anhäufung der Chordaepithelzellen

---

[1]) Zur Entwickelung und Regeneration des Chorda dorsalis bei den urodelen Amphibien. — Anatomischer Anzeiger, Jahrgang 1891.

auf der dorsalen Seite, die continuirlich mit dem das Ende der Chorda darstellenden Gebilde zusammenhängen; von einer Zwischensubstanz ist auch hier noch nichts zu erkennen. An der mit V. bezeichneten Stelle war im Präparat eine lichte Stelle im Chordastab zu sehen; in manchen Zellen bemerkt man dunkle, bald grössere, bald kleinere Gebilde, die wie Pigment erscheinen.

Die innere Scheide *(IS)* lässt sich auch an diesem Präparat auf der dorsalen Seite eine Strecke weit auf den Chordastab verfolgen, während sie auf der ventralen Seite nicht deutlich sichtbar ist.

Auf der ventralen, wie auf der dorsalen Seite zieht eine feine Linie am ganzen Chordastab entlang, fehlt jedoch am Ende und ist auch auf der ventralen Seite vielfach unterbrochen.

Auf der dorsalen Seite liegen dem Anfangstheil des Chordastabes einige kleine Zellen auf, deren Zugehörigkeit zur äusseren Chordascheide ich nicht absolut bestreiten kann; die Zellen, die jedoch auf der ventralen Seite den Chordastab umsäumen, scheinen mir zum grössten Theil Bindegewebszellen zu sein, da die Kerne von runder Gestalt sind, während die Kerne der äusseren Scheide mehr abgeplattet sind.

Auf der Strecke, wo das Rückenmark dem Chordastabe anliegt, ist überhaupt keine Zelle zwischen den beiden Organen gelegen.

Schnitte aus einer Querschnittserie eines Axolotls dieser Entwickelungsperiode, der sich aber durch bedeutende Länge auszeichnete (33,0 mm) sind in den Figuren VI, VII, VIII abgebildet, Sie entsprechen dem Abschnitte, wo die Chorda ihr Ende erreicht und der Chordastab seinen Anfang nimmt.

In Fig. VI ist die hyaline Zelle auf der einen Seite von einer Kernreihe umgeben; wie das Verhalten der inneren Scheide *(IS)* beweist, gehört ein Theil der Kerne dem Chordaepithel an, nämlich diejenigen, die innerhalb der Scheide den hyalinen Zellen dicht anliegen.

Ein Theil der Kerne muss aber jedenfalls auf Rechnung der äusseren Scheide gestellt werden, obgleich es auffällt, dass auf den vorhergehenden Schnitten die Kerne derselben gleichmässig um die Peripherie der Chorda angeordnet sind, während sie hier einen Theil der Circumferenz freilassen. Auf zwei Schnitte der

Serie, die im wesentlichen dasselbe aufweisen, wie dieser eben beschriebene, folgt dann einer, auf dem diese Anhäufung von Kernen auf der einen Seite noch stärker ausgeprägt ist; Fig. VII.

Die innere Scheide ist hier nur stellenweise deutlich wahrzunehmen, dort jedoch, wo die Anhäufung der Kerne sich findet, ist ihr Verlauf schwer zu verfolgen, da sie recht fein ist; ich habe mich jedoch durch sorgfältige Prüfung überzeugen können, dass die Scheide ihren Verlauf zwischen den Kernen nimmt, *(IS)* während zwischen der hyalinen Zelle und den ihr anliegenden Kernen sich keine Linie befand, die ich als innere Scheide hätte deuten können; somit ist auch hier die hyaline Zelle von einer Reihe Chordaepithelzellen umsäumt.

Fig. VIII stellt den nächstfolgenden Schnitt dar und lässt den Anfangstheil des Stabes erkennen.

An der dem Rückenmark zugekehrten Seite ist als Begrenzung eine feine dunkle Linie wahrnehmbar, die ich als innere Scheide ansehe. In der Mitte des Stabes finden sich grosse Kerne und an einer Stelle eine Anhäufung von dunklen feinen Körnchen; an der Peripherie liegt eine Anzahl platter Kerne, die theilweise der äusseren Scheide angehören, theilweise die Fortsetzung des Chordaepithels bilden.

Es ist demnach, wie aus der Beschreibung der letzten Präparate hervorgeht, am Schwanzende der Chorda ein neues Gebilde entstanden, das continuirlich mit der Chorda zusammenhängt und auf den sich die innere Scheide eine Strecke weit hinüberzieht. Mit dem Auftreten dieses Gebildes — des Chordastabes — tritt die Chorda in eine neue Phase ihrer Entwickelung. Ein späteres Stadium dieser Phase der Entwickelung des Chordastabes ist in Fig. IX bei etwas stärkerer Vergrösserung abgebildet.

Die Chorda endet mit einigen kleineren hyalinen Zellen, während das Chordaepithel eine stärkere Entwickelung erfahren hat, das Protoplasma um die Kerne ist reichlicher vorhanden, die Kerne liegen dicht bei einander und an einer Stelle bei *a* sind von einer Zelle zwei Kerne eingeschlossen.

Als directe Fortsetzung der hyalinen Chorda erscheint der Chordastab; in seinem proximalen Theil sind im Verhältniss zu den früheren Stadien wesentliche Veränderungen vor sich gegangen; es wird dieser Abschnitt von deutlich begrenzten, an dem einen Pol halbkugelförmigen, an dem entgegengesetzten in eine Spitze auslaufenden Zellen gebildet, deren Kerne im Verhältniss zu den Zellen gross sind.

Die Zellen selbst erscheinen eingelagert in eine homogene Grundsubstanz, in der sich an einigen Stellen dunkle Körner und feine Streifen finden. Zum Ende hin werden die Zellen kleiner, die Zellgrenzen undeutlich, während die Kerne schärfer umgrenzt erscheinen; die Zellen liegen hier auch dichter aneinander, so dass hier wahrscheinlich keine oder wenigstens sehr geringe Intercellularsubstanz vorhanden ist. Denn da ja nicht alle Zellgrenzen deutlich sichtbar sind, ist wohl die zwischen den Kernen gelegene Substanz zum grössten Theil als Protoplasma aufzufassen.

Diesem letzten Theil geht ein Uebergangstheil voraus, in welchem die Zellgrenzen wohl deutlich sind, die Intercellularsubstanz dagegen zwischen ihnen in geringer Menge vertreten ist. Einen Beweis für die lebhafte Wucherung der Zellen des Chordastabes liefern die hier häufig auftretenden Mitosen. (Fig. IX).

Die innere Scheide *(IS)*, die hier von einer bedeutenden Dicke ist, lässt sich auf der ventralen Seite eine Strecke weit auf den Chordastab verfolgen, um sich dann zu verlieren; auf der dorsalen Seite hört sie an der Grenze zwischen Chorda und Chordastab wie abgeschnitten auf, auch bei Durchmusterung der vorhergehenden und folgenden Schnitte der Serie kann ich die innere Scheide nicht weiter verfolgen. Es bilden feine Linien die Grenzen des Chordastabes nach aussen zu; dieselben sind jedoch nicht continuirlich und lassen auch keine Zugehörigkeit zur inneren Scheide erkennen.

Als Grenze zwischen Chorda und Chordastab erscheint im ventralen Theil nicht eine Fortsetzung der inneren Scheide, sondern eine Scheidewand der letzten hyalinen Zellen, während im dorsalen Theil es den Anschein hat, dass der Kern, der im Chordastab der letzten hyalinen Chordazelle anliegt *(b)* noch der letzteren angehört, da seine Zellgrenzen nicht deutlich hervortreten und er auch von der hyalinen Zelle durch keine Scheidewand getrennt ist.

Auf der ventralen Seite liegen zwischen der Chorda und dem Chordastab einerseits und dem Gefäss andererseits mehrere

Zellen, theils näher, theils entfernter von der Chorda und ihrer Fortsetzung. Ich glaube nicht zu fehlen, wenn ich annehme, dass diese Kerne zum grösseren Theil der äusseren Chordascheide angehören, nämlich so weit sie platt sind und der Chorda oder dem Chordastab dicht anliegen, während die mit *Bz* in der Figur bezeichneten Kerne meines Erachtens Bindegewebskerne sind.

Auf der dorsalen Seite liegt das Rückenmark der Chorda und dem Chordastab so dicht an, dass sich zwischen ihnen keine Zelle findet.

Im weiteren Verlauf der Entwickelung erreicht der Chordastab eine bedeutende Länge und seine Zellen erleiden eine Veränderung, die dem Stabe ein knorpelähnliches Aussehen gewähren; es treten nämlich zunächst im proximalen Theil des Stabes in den Zellen lichte Stellen auf, die sich allmälig vergrössern, bis schliesslich der Kern mit einer geringen Menge Protoplasma von einem lichten Hof umgeben ist, der seinerseits durch einen dunklen Saum von der Intercellularsubstanz geschieden ist. Dadurch, dass dem Kern Protoplasma ansitzt und dass der Kern eine unregelmässige Lage hat, bald dem dunklen Saum dicht anliegt, bald mehr in der Mitte des lichten Hofes gelegen ist und mit dem Saum durch feine Ausläufer des Protoplasmas verbunden ist, wird die Aehnlichkeit mit jungem Knorpel, die bei schwacher Vergrösserung auffällt, bei einer stärkeren Vergrösserung wesentlich gestört.

An einem soweit in der Entwickelung fortgeschrittenem Stabe lassen sich im wesentlichen drei Zonen unterscheiden, die allmählich in einander übergehen. In der der Chorda zunächst gelegenen Zone sind bereits die hellen Höfe um die Kerne ausgebildet; in der darauf folgenden sind die Zellen noch grösstentheils protoplasmatisch, auf dem Längsschnitt keil- oder spindelförmig; in der dritten Zone endlich werden die Zellgrenzen undeutlich und nur die Kerne treten deutlich hervor, die Intercellularsubstanz ist spärlich, und am äussersten Ende liegen die Zellen so dicht bei einander, dass eine Intercellularsubstanz nicht mehr unterschieden werden kann.

Niemals konnte ich auch an den am meisten entwickelten Chordastäben zwischen ihnen und der Chorda die innere Scheide als Grenze nachweisen; beinahe auf jedem Präparat konnte ich sie auf den Anfangstheil des Chordastabes verfolgen, sei es nur auf einer Seite, oder auch auf beiden.

Ueber das Verhalten der äusseren Scheide kann ich nur aussagen, dass ich sie bisweilen bis auf den Anfangstheil des Stabes habe verfolgen können; ihre weitere Ausbildung und ihre Betheiligung an der Wirbelbildung um den Knorpelstab habe ich nicht verfolgt.

An den weit entwickelten Chordastäben konnte ich als Grenze gegen die Umgebung eine einfache Schicht auf dem Längsschnitt spindelförmig erscheinender Zellen nachweisen, die durch feine Ausläufer untereinander in Verbindung standen.

Die vorhin von mir gegebene Zoneneintheilung ist nur im allgemeinen zutreffend und bedarf für vorgeschrittene Stadien einer weiteren Ausführung und Einschränkung. Wenn der Stab nämlich eine gewisse Länge erreicht hat, lässt sich an ihm eine Gliederung constatiren, die folgendermassen zu Stande kommt. In einer geringen Entfernung von der hyalinen Chorda treten die erwähnten lichten Stellen in den Zellen auf, während die dicht der Chorda anliegenden Zellen grösstentheils unverändert bleiben.

In dem Theil, wo die Umwandlung der Zellen begonnen hat, nimmt sie auch allmählich zu und es entsteht das oben beschriebene Bild. Auf diese Strecke folgt jedoch eine Zone, in der die Zellen protoplasmatisch bleiben, aber eine bestimmte Lagerung und Gruppirung erkennen lassen; es lagern sich nämlich einige Zellen mit ihrer Längsaxe so aneinander, dass sie oralwärts concav die vorhergehende Strecke der umgewandelten Zellen umfassen, darauf folgt dann eine Reihe von Zellen, deren Längsaxe genau senkrecht zur Längsaxe des Schwanzes gerichtet ist und die dabei schmäler und länger sind; die nächste Reihe richtet sich wieder concav gegen das Ende hin und umfasst dann eine Strecke metamorphosirter Zellen; diese Gliederung ist in ihren Anfängen in Fig. X dargestellt; bei *a* sind die Stellen mit den grösstentheils zu lichten Höfen um die Kerne gewordenen Zellen, während bei *b* die Zellen sich in ihrer Längsaxe aneinandergereiht haben und concav die vorhergehende resp. folgende Strecke umfassen. In späteren Stadien werden im Chordastab auf diese Weise mehrere Segmente gebildet.

Wie aus der gegebenen Darstellung sich ergiebt, können auch während der Entwickelung des Chordastabes mehrere Stadien unterschieden werden. Zuerst wird der Stab von dicht bei einanderliegenden Zellen gebildet, dann entsteht in ihm eine Intercellularsubstanz, die die Zellen auseinanderdrängt, wobei die Zellgrenzen deutlich werden. Zuletzt gliedert sich der Stab in mehrere Segmente, in dem sich seine Zellen in der oben beschriebenen Weise anordnen; dabei findet eine partielle Umwandlung der Zellen statt.

Besprechung der Befunde.

I. Innere Chordascheide und protoplasmatische Rindenschicht.

Aus meinen Untersuchungen geht hervor, dass dei Siredon pisciformis bereits frühzeitig, noch ehe die Umwandlung der ursprünglichen Chordazellen in hyaline ihr Ende erreicht hat, sich eine innere Scheide findet, die als feine dunkle Linie die Chorda gegen das umgebende Gewebe begrenzt.

Bereits zu dieser Zeit, wenn noch ein continuirlicher protoplasmatischer Rindensaum der Chorda mit zahlreichen Dotterplättchen vorhanden ist und die Scheidewände zwischen den Chordazellen als ganz feine zarte, mit kleinen dunklen Körnern besetzte Linien erscheinen, zeigt die innere Scheide eine homogene Beschaffenheit, und lässt keine Körnung erkennen, so dass die Vermuthung erweckt wird, die innere Scheide und die Scheidewände seien eine verschiedene Bildung. Meine Beobachtungen in diesem Punct sind jedoch nicht ausreichend, um darüber etwas bestimmtes aussagen zu können. Erst in einer späteren Zeit, wenn die Dotterplättchen im Schwinden begriffen sind, verschwindet auch die Körnung in den Scheidewänden, und dieselben zeigen eine homogene Beschaffenheit.

Zu einer Zeit, wenn die Umwandlung der ursprünglichen Chordazellen in hyaline Zellen weiter vorgeschritten ist, findet sich längs der ganzen Peripherie der Chorda eine continuirlich erscheinende Schicht von dotterplättchenhaltigem Protoplasma, in welchem in ungleichen Abständen verhältnissmässig grosse Kerne eingelagert sind. Zellgrenzen konnte ich hier nicht feststellen.

Sobald jedoch die Dotterplättchen in der Chorda sich verringern, zeigt es sich, dass dort, wo die Kerne eingelagert sind, gewöhnlich an der Berührungsfläche zweier hyalinen Zellen, das Protoplasma in reichlicherer Menge vorhanden ist, als an den dazwischen gelegenen Stellen; während dann in kurzer Zeit das Protoplasma an den letztgenannten Stellen vollständig schwindet, bleibt es dort mit dem eingeschlossenen Kern bestehen, und es erhalten sich also hier echte protoplasmatische Zellen.

Ich bin nun der Ansicht, dass diese Zellen ursprünglich ebenfalls Chordazellen waren; während aber die meisten der ursprünglichen Zellen sich in hyaline umwandelten, blieben diese unverändert und wurden durch die sich ausdehnenden hyalinen Zellen an die Peripherie gedrängt.

Ich habe bei Schilderung von Präparaten dieser Entwickelungsperiode, wo in der Chorda die Umwandlung noch geringe Grade erreicht hat, Zellen erwähnt, die noch durchweg protoplasmatisch sind, keine hyaline Stellen erkennen lassen; diese glaube ich nun für solche halten zu dürfen, die an die Peripherie gedrängt werden und protoplasmatisch bleiben.

So lange noch die hyalinen Zellen an ihrer Peripherie noch dotterplättchenhaltiges Protoplasma enthalten, ist dieses nicht deutlich gegen die protoplasmatisch bleibenden Zellen abgrenzbar und es resultirt das Bild einer continuirlichen Protoplasmaschicht, die ich mit Götte protoplasmatische Rindenschicht[1]) nenne.

Schwindet das Protoplasma der hyalinen Zellen gänzlich, so werden die protoplasmatischen Zellen deutlich und erscheinen dann auf dem Schnitt als dreieckige Zellen, die sich mit der Spitze zwischen zwei hyaline Zellen einschieben; in ihrer Gesammtheit stellen sie dann das „Chordaepithel" von Gegenbaur dar.

Ich kann Götte nicht beistimmen, wenn er behauptet: „Auf diese Weise ist die ursprünglich aus Zellen bestehende Wirbelsaite in drei leicht zu unterscheidende Theile verwandelt, in den inneren Gallertkörper, die ihn zunächst umgebende protoplasmatische Rindenschicht und die an die letzten sich anschliessende innere Chordascheide, von denen keiner mehr zelliger Natur ist[2])".

---

[1]) Al. Götte. Entwickelungsgeschichte der Unke (Bombinator igneus). Leipzig 1875, pag. 354.

[2]) Götte, l. c., pag. 354.

Die Rindenschicht enthält Zellen, die späteren Chordaepithelzellen, die aber, so lange die hyalinen Zellen noch Protoplasma enthalten, sich nicht deutlich von diesen abgrenzen lassen. Nach meinen Präparaten von Siredon verliert die Rindenschicht dann ihre Continuität, wenn die Dotterplättchen schwinden, während bei der Unke die Rindenschicht auch nach dem Schwund der Dotterplättchen noch continuirlich ist, wie Götte es auf Taf. X, Fig. 186 [1]) abgebildet hat.

In späterer Zeit bleibt das Chordaepithel auf dem Längsschnitt meistens in Form pyramidaler Zellen bestehen; dies sind die „platten Zellen", aus denen nach Fraisse das Chordaepithel besteht und das er als überall vorhanden ansieht [2]).

2. Aeussere Chordascheide.

Was die äussere Scheide (skeletogene Schicht) anbetrifft, so bin ich nach meinen Präparaten an Siredon zur Ueberzeugung gelangt, dass sie, so lange Dotterplättchen in der Chorda sich finden, nicht vorhanden ist und dass ihre Anlage in eine spätere Zeit fällt.

Von den Stadien, in welchen die Chorda Dotterplättchen enthält, habe ich die ganzen Thiere in continuirliche Schnittserien zerlegt und konnte auch in dem vorderen Theil des Thieres die äussere Scheide nicht wahrnehmen. Ihr erstes Auftreten fällt für den Schwanztheil in die Zeit, wenn die Dotterplättchen vollständig aus der Chorda geschwunden sind und letztere ihren definitiven Character angenommen hat. Dann erst fallen auf Längs- und Querschnitten eigenthümliche flache Kerne auf, die der Chorda dicht anliegen, jedoch noch keine continuirliche Schicht bilden, sondern in bedeutenden Abständen von einander liegen. Flachschnitte, die die Chorda längs ihrer Oberfläche getroffen hatten, zeigten dann grosse ovale Kerne, deren grösster Durchmesser meist senkrecht zur Längsaxe der Chorda gestellt war, und die von einem schmalen lichten Hof umgeben waren.

Diese Kerne vermehren sich, und wenn bereits der Chordastab eine bedeutende Länge erlangt hat, gewähren sie auch im

---

[1]) Al. Götte, l. c.

[2]) P. Fraisse. Die Regeneration von Geweben und Organen bei Wirbelthieren, besonders Amphibien und Reptilien. Cassel und Berlin 1885, pag. 93.

Schwanztheil den Eindruck einer continuirlichen Schicht dicht bei einander gelagerter Zellen mit grossen platten Kernen.

An dem jedesmaligen äussersten Schwanzende konnte ich vor der Anlage des Stabes auch in späteren Stadien mich nicht davon überzeugen, dass die äussere Scheide eine vollständige Umhüllung der Chorda bildet; ich habe nur immer einzelne Kerne gesehen, die kleiner erscheinen als im mehr oralwärts gelegenen Theil des Präparats, die aber in ihrem Aussehen denen der äusseren Scheide glichen.

Hervorheben möchte ich noch, dass auf Längsschnitten, die eine längere Strecke hindurch Chorda und Rückenmark parallel neben einander verlaufend zeigen, also auf Medianschnitten, ich selbst in den Stadien, wo die äussere Scheide sicher vorhanden war, keine Zelle zwischen beiden Organen gefunden habe, dass also die äussere Scheide zwischen Chorda und Rückenmark sich in einer späteren Zeit bildet.

Es verhält sich also in diesem Puncte Siredon anders als die Unke[1]); bei letzterer ist, wie die Zeichnungen Götte's illustriren, bereits frühzeitig eine äussere Chordascheide vorhanden und besteht aus verhältnissmässig dicht bei einander stehenden Kernen umgeben von dotterplättchenhaltigem Protoplasma, während ich nach sorgfältiger Prüfung meiner Präparate bei Siredon, so lange Dotterplättchen vorhanden sind, keine äussere Scheide finden konnte.

3. *Das Chordagewebe selber.*

Ich wende mich nun zur Besprechung der Chorda selbst.

Während der Kopf- und Rumpftheil der Chorda bereits aus grossen unregelmässigen polygonalen hyalinen Zellen besteht, ist der Schwanztheil erst im Beginn der Umwandlung. Der Höhendurchmesser der Zellen ist gering, so dass die Zellen annähernd die Gestalt eines Rechtecks haben; das Protoplasma ist in verhältnissmässig grösseren Mengen vorhanden, die Kerne sind wenig abgeplattet. Das äusserste Ende ist sogar noch so wenig differenzirt, dass es sich nicht vom umgebenden Gewebe abgrenzen lässt.

Sind die Dotterplättchen geschwunden, so ist auch der grösste Theil der Chorda im Schwanze hyalin, allein die letzten hyalinen

---

[1]) Al. Götte, l. c., pag. 357.

Zellen erscheinen im Vergleich zu den vorhergehenden noch nicht voll ausgebildet zu sein, indem die Scheidewände zwischen ihnen dünner sind und das Protoplasma um die an der Peripherie gelegenen Kerne reichlicher vertreten ist.

Das äusserste Ende der Chorda hingegen wird aus nur theilweise umgewandelten, theilweise noch protoplasmatischen Zellen gebildet, wobei der Kern, gewöhnlich noch in der Mitte der Zellen gelegen, fast die ganze Zelle einnimmt.

Da ich auch in den folgenden Stadien durchaus ähnliche Befunde an meinen Präparaten erhalten habe, so glaube ich annehmen zu können, dass am äussersten Schwanzende der Chorda noch recht lange eine Umwandlung protoplasmatischer Zellen in hyaline vor sich geht, und da ich in einigen Präparaten Mitosen in den Kernen gerade dieser letzten mehr oder weniger noch protoplasmatischen Zellen habe constatiren können, so scheint mir die Annahme berechtigt, dass diese Zellen sich theilen, einige von den Tochterzellen sich dann in hyaline umwandeln, andere sich wieder theilen, wodurch dann ein stetiges Längenwachsthum der Chorda vor sich geht.

Kölliker hat dieses Längenwachsthum der Chorda für den Frosch constatirt und in der ersten Auflage seiner microscopischen Anatomie erwähnt: „Das Wachsthum der Chorda, das vorzüglich ein Längenwachsthum ist, kommt auf Rechnung zweier Momente. Einmal vergrössert sich dieselbe durch Ausdehnung ihrer ursprünglichen Zellen, welche nachweisbar am Kopf beginnt und von da rückwärts fortschreitet und zweitens setzen sich, so lange die Kaulquappen wachsen, an ihrem hinteren Ende aus einem hier aufgespeicherten Material von kleinen Bildungszellen fortwährend neue Zellen an, um successive und zwar ebenfalls von vorn nach hinten dieselben Veränderungen, wie die ersten Chordazellen durchzumachen, und dies erklärt uns die Verlängerung der Chorda in den bei ihrem Entstehen kaum angedeuteten Schwanz hinein, dagegen ist von einer endogenen Zellneubildung zu keiner Zeit an der Chorda eine Spur zu sehen“ [1]).

Diese „kleinen Bildungszellen“ entsprechen den von mir beschriebenen letzten Chordazellen.

[1]) A. Kölliker. Microscopische Anatomie oder Gewebelehre des Menschen. Bd. II. Leipzig 1850, pag. 348.

Auch Fraisse erwähnt diese Zellen am Schwanzende der Chorda: „So finden wir denn auch am Schwanzende stets einen kleinen embryonalen Rest von protoplasmareichen Zellen der eigentlichen Chorda aufsitzen, aber dennoch mit ihr zusammenhängen, nicht etwa getrennt von ihr[1]).

Mit der Bildung neuer hyalinen Zellen am Schwanzende der Chorda hält die Bildung der inneren Scheide gleichen Schritt, so dass das jedesmalige äusserste Ende einer inneren Scheide entbehrt.

4. *Anlage des Chordastabes.*

Erreichen die Larven eine Gesammtlänge von ungefähr 15 mm, so scheint die Umwandlung der protoplasmatischen Zellen in hyaline einen trägeren Verlauf zu nehmen, wie ich es bei Beschreibung dieser Stadien bereits geschildert habe, bis sie schliesslich gänzlich aufhört und die protoplasmatischen Zellen, deren Bildung immer fortschreitet, sich am Ende der Chorda anhäufen. In diesem Stadium stellen sie das Gebilde her, welches Flesch Endstab, Fraisse Knorpelstab, Barfurth Chordastab nennt.

Ich kann somit Flesch nicht beistimmen, wenn er den Chordastab aus Elementen hervorgehen lässt, die selbstständig sind und mit der Chorda in keinem Zusammenhange stehen[2]); nach meinen Präparaten geht der Chordastab aus jenen protoplasmatischen, der Chorda angehörenden Zellen hervor, die in früheren Stadien sich in hyaline umwandelten[3]).

Eine Bestätigung meiner Ansicht scheint mir in dem Verhalten der inneren Scheide zu liegen. Ich habe nämlich constatiren können, dass sie sich eine Strecke weit über den Chordastab verfolgen lässt. Freilich geschieht das nicht ganz gleichmässig: zuweilen überzieht sie den Stab nur auf einer Seite,

[1]) P. Fraisse. Die Regeneration etc., pag. 93.

[2]) M. Flesch, l. c., pag. XXX.

[3]) Anmerkung. Es entspricht demnach der Chordastab der Urodelen dem von Rosenberg beim Menschen, von Braun bei Säugern und Vögeln nachgewiesenen freien Chordaende, welches Braun „Chordastäbchen" nannte (E. Rosenberg, Ueber die Entwicklung der Wirbelsäule und des Centrale carpi des Menschen. Morphol. Jahrbuch, 1. Bd. 1876, p. 83 ff. (p. 124 ff.). M. Braun, Aus der Entwickelungsgeschichte der Papageien IV. Verhandlungen der physic.-medicin. Gesellschaft in Würzburg. Neue F., 15. Bd. 1881).

während sie auf der anderen an der Grenze zwischen Chorda und Stab aufhört; manchmal ist sie aber auch zu beiden Seiten auf dem Anfangstheil des Stabes nachweisbar.

An keinem Präparat habe ich jedoch wahrnehmen können, dass die innnere Scheide die Grenze zwischen Chordastab und Chorda bildet.

An einigen Larven habe ich zwischen beiden eine scharfe Grenzlinie gesehen, wie sie Flesch angiebt. Dieselbe ist jedoch nicht constant und fehlt bisweilen gänzlich. Bisweilen ist sie nur auf eine kleinere Strecke nachweisbar und geht dann in eine Scheidewand der letzten hyalinen Zelle über, während das übrige Chordagewebe einen directen Uebergang in den Chordastab aufweist, wie es Fig. IX zeigt.

Ich glaube daher diese Grenzlinie den etwas verdickten Scheidewänden der Chordazellen gleich setzen zu können.

In einigen Präparaten, die den Chordastab bereits in bedeutender Länge zeigen, erscheint die Grenze zwischen Chorda und Stab unregelmässig, indem auf einer Seite die hyalinen Zellen sich weiter in den Stab erstrecken. Diese Zellen sind jedoch dann viel kleiner als die hyalinen und es scheint mir daher nicht unberechtigt zu sein, wenn ich diese Zellen als nachträglich gebildete ansehe, hervorgegangen aus Zellen, die bereits in die Anlage des Stabes aufgegangen waren. Diese Eigenthümlichkeit hat dann zur Folge, dass der Chordastab dem hyalinen Chordagewebe „kappenartig aufsitzt“ (Fraisse).

Fraisse nämlich, der unr an ausgewachsenen Exemplaren von Pleurodeles Waltlii seine Untersuchungen angestellt hat, erklärt, dass der Stab durchaus nicht mit der Chorda zusammenhängt, „denn er sitzt dem letzten Chordarest, der mit spitz zulaufender Chordascheide endigt, kappenartig auf“ [1])

Wie oben erwähnt, erklärt sich dieses „kappenartige Aufsitzen“ dadurch, dass die letzten hyalinen Zellen mit etwas verdickter Scheidewand von den späterhin knorpelig umgewandelten Chordazellen umfasst werden.

---

[1]) P. Fraisse. Beiträge zur Anatomie von Pleurodeles Waltlii. Würzburg 1880, pag. 23.

Fraisse ist der Ansicht, dass die skeletogene Schicht (äussere Chordascheide) den Chordastab aufbaut.

Dass aber die äussere Scheide sich bei der ersten Anlage des Stabes nicht betheiligt, scheint mir schon daraus hervorzugehen, dass sie zur Zeit, wenn die Anlage des Stabes schon vorhanden ist, in ziemlich weiter Entfernung vom Chordastab nur aus einzelnen Zellen besteht, am äussersten Schwanzende selber in der Höhe des Chordastabes aber noch gar nicht nachweisbar ist.

Der beste Beweis jedoch dafür, dass die äussere Scheide nicht theil hat am ersten Aufbau des Chordastabes, scheint mir das Uebergreifen der inneren Scheide auf den Stab zu sein.

Die Bildung der inneren Scheide geht, wie oben erwähnt, von den protoplasmatischen Zellen der Chorda aus; die Zellen des Chordastabes sind aber zunächst auch protoplasmatische Chordazellen, und bilden eine Zeit lang noch die innere Scheide weiter.

5. *Knorpelige Metamorphose des Chordastabes.*

Bei der Anlage des Stabes sind die Zellen derselben dicht beieinander gelagert, die Zellgrenzen sind nicht zu erkennen. Indem jedoch der Chordastab an Länge zunimmt, werden auch die Zellgrenzen in ihm sichtbar, während zugleich die Zellen durch die sich bildende Intercellularsubstanz auseinandergedrängt werden. Die Zellen erscheinen dann auf dem Schnitt meist annähernd dreieckig mit verhältnissmässig grossen Kernen; in dieser Zeit treten dann auch die „dunklen prochondralen Elemente" von Strasser[1]) auf, die jedoch in meinen Präparaten nur an einigen Stellen deutlich waren, weil sie mit Carmin gefärbt waren.

An den Stellen, wo sich die Intercellulursubstanz bereits in reichlichen Mengen findet, sind kleine dunkle Körner, die bisweilen durch dunkle Streifen verbunden sind, aufgetreten.

Nachdem die Intercellulursubstanz an Menge zugenommen

---

[1]) Strasser., Zur Entwicklung der Extremitätenknorpel bei Salamandern und Tritonen. Morphol. Jahrbuch, 5. Bd. pag. 240 ff. Die prochondralen Elemente färben sich nach Strasser am besten mit Haematoxylin.

hat, und die Umwandlung des Stabes unter starkem Längenwachsthum aus dem rein zelligen Zustand weiter fortgeschritten ist, macht sich in seinem Anfangstheil eine Umwandlung der Zellen bemerkbar, wie ich sie bei Beschreibung der Befunde dargestellt habe.

Nach vollendeter Umwandlung sind die Kerne nebst einem ihnen anhaftenden Protoplasmarest von hellen Höfen umgeben, wodurch bei Betrachtung mit schwacher Vergrösserung eine grosse Aehnlichkeit mit hyalinem Knorpel entsteht; allein bei starker Vergrösserung machen sich einige Verschiedenheiten bemerkbar; die auffallendste ist die Form der lichten Höfe, die hier meist eckig sind. während die Knorpelcapseln dieser Stadien rund oder oval sind.

6. *Gliederung des Chordastabes.*

Gleichzeitig mit dieser Umwandlung der Zellen tritt auch eine besondere Gruppirung derselben auf, wie sie schon H. Müller[1]) treffend beschrieben hat; die Zellen, die die vorher ewähnte Umwandlung erfahren haben, ordnen sich auf dem Sagittalschnitt in Form eines Kreises oder Ovals an, zwischen je zwei solchen Kreisen wandeln sich die Zellen nicht um, sondern strecken sich nur in die Länge und gruppiren sich so, dass sie in einem Bogen die umgewandelten Strecken umfassen.

Auf diese Weise kommt eine Gliederung des Stabes zu Stande, die merkwürdigerweise schon zu einer Zeit beginnt, wenn in dem weiter oberhalb (oralwärts) gelegenen Schwanzstück noch nichts von einer Wirbelbildung sichtbar ist; die Gliederung schreitet allmählich fort, erreicht jedoch nie das Ende des Stabes, welcher in einem rein zelligen Zustand verharrt.

Meine Untersuchungen ergeben somit, dass die protoplasmatischen Chordazellen am Schwanzende ein Gewebe bilden, das Aehnlichkeit mit hyalinem Knorpel hat, und aus welchem Wirbel hervorgehen können. Nach Gegenbaur[2]) geht bei Amphibien ein Theil des knorpeligen Wirbelkörpers aus der „äussersten kleinzelligen Schicht der Chorda" hervor, also aus dem „Chordaepithel", und da die protoplasmatisch bleibenden Chordazellen doch wohl

---

[1]) H. Müller, l. c., pag. 4.

[2]) C. Gegenbaur. Untersuchungen zur vergleichenden Anatomie der Wirbelsäule bei Amphibien und Reptilien. Leipzig 1862.

diesen gleich zu setzen sind, so scheint mir eine Analogie vorhanden zu sein zwischen der Bildung des Chordastabes und der Bildung jenes Theils des Wirbelkörpers.

Zum Schluss gebe ich noch eine kurze Eintheilung der Entwickelungsvorgänge am Schwanzende der Chorda dorsalis als

Zusammenfassung der Ergebnisse.

Prof. Barfurth [1]) theilt die Entwickelung der Chorda in drei Hauptphasen ein, denen ich nach meinen Befunden noch Unterabtheilungen beifüge:

1. Ausbildung der Chorda dorsalis mit den bekannten hyalinen Chordazellen.

a) Die Chorda ist durchweg ein Strang dicht aneinanderliegender protoplasmatischer Zellen; auf dieses Stadium bin ich in meiner Arbeit nicht eingegangen, weil es bereits genau beschrieben ist.

b) Die Zellen der Chorda werden hyalin, enthalten aber in ihren protoplasmatischen Theilen zahlreiche Dotterplättchen; diese protoplasmatischen Partien bilden mit den peripher gelegenen durchaus protoplasmatischen Rindenzellen (Chordaepithel, Gegenbaur) die „continuirliche Rindenschicht“ (Götte). Die Grenzen der protoplasmatischen Rindenzellen sind zunächst nicht sichtbar, erscheinen aber, wenn die Dotterschollen resorbirt sind. Die letzten Zellen am Schwanztheil sind durchweg protoplasmatisch.

c) Die Dotterplättchen sind aus der Chorda geschwunden, der protoplasmatische Rindensaum wird discontinuirlich, indem das Protoplasma der hyalinen Zellen ganz schwindet; die protoplasmatischen Zellen an der Peripherie bilden nun das „Chordaepithel“, welches aber keine continuirliche Zellschicht darstellt, sondern aus einzelnen der Innenseite der inneren Chordascheide dicht anliegenden Zellen besteht. Diese Zellen spielen die Rolle einer Matrix. Am äussersten Schwanzende finden sich protoplasmatische Zellen, die Uebergänge in hyaline aufweisen.

2. An das caudale Ende setzt sich ein knorpeliger Stab an, der Chordastab (Barfurth).

---

[1]) Barfurth, l. c.

a) Die protoplasmatischen Zellen am Ende der Chorda wandeln sich nicht in hyaline um, sondern bleiben protoplasmatisch und häufen sich zur ersten Anlage des Chordastabes an; ihre Zellgrenzen sind undeutlich.

b) Die Zellgrenzen der Zellen im Chordastab werden deutlich.

c) Zwischen den Zellen des Chordastabes bildet sich Intercellularsubstanz; in den Zellen treten lichte Stellen auf. Die Intercellularsubstanz wird knorpelig.

3. Die Chorda wird von der sich mächtig entwickelnden äusseren Chordascheide von Strecke zu Strecke eingeschnürt und der Chordastab gliedert sich in sich selbst. Diese Vorgänge leiten die Wirbelbildung ein. Nach meinen Befunden beginnt jedoch die Gliederung im Stabe früher als die Wirbelbildung im Schwanze.

Figurenerklärung.

Sämmtliche Figuren sind mit dem Zeichenapparat von Abbe gezeichnet.

Fig. I. Gesammtlänge des Thieres 7,5 mm. — Das äusserste Schwanzende der Chorda ist von rein protoplasmatischen Zellen gebildet.

Fixirt in $^{1}/_{4}$ %-iger Chromsäurelösung. — Färbung mit Hämatoxylin nach Delafield.

Sagittalschnitt durch das Schwanzende. — Schnittdicke 10,0 μ. — Zeiss Oc. 2, Obj. D.

Rm = Rückenmark
Ch = Chorda
IS = innere Scheide
Ck = Kerne der letzten protoplasmatischen Chordazellen
a = lange schmale Kerne von Chordazellen
b = grosse runde Kerne von Chordazellen
Bz = Bindegewebszellen
Dp. = Dotterplättchen.

Fig. II. Gesammtlänge des Thieres 12,5 mm. — Uebergang protoplasmatischer Chordazellen in hyaline am äussersten Schwanzende der Chorda.

Fixirt in Kleinenberg'scher Picrinschwefelsäure. — Färbung mit alcoholischem Boraxcarmin nach Grenacher.

Sagittalschnitt. — Schnittdicke 7,0 μ. — Zeiss Oc. 2, Obj. D.

Rm = Rückenmark
Ch = Chorda
IS = innere Scheide
Ce = Chordaepithel
pz = protoplasmatische Chordazellen
K = Kern der letzten Chordazelle
h = hyaline Stelle in der letzten Chordazelle
Bz = Bindegewebszelle
Ac = Arteria caudalis
E = Epidermis (flach getroffen)
P = Pigment der Epidermis

Fig. III. Gesammtlänge des Thieres 13,5 mm. — Uebergang protoplasmatischer Chordazellen in hyaline am äussersten Schwanzende der Chorda.

Fixirt in $^{1}/_{4}$ %-iger Chromsäure. — Färbung in Hämatoxylin nach Delafield.

Sagittalschnitt. — Schnittdicke 7,0 μ. — Zeiss Oc. 2, homogene Immersion 1/12.

Rm = Rückenmark
Ch = Chorda
IS = innere Scheide
Ce = Chordaepithel
M = Mitose im Kern einer Chordazelle nur zum Theil auf diesem Schnitt getroffen
a = platter Kern einer Chordazelle
K = Kern einer protoplasmatischen Chordazelle
Bz = Bindegewebszelle.

Fig. IV. Gesammtlänge des Thieres 16,0 mm. — Erstes Auftreten des Chordastabes.

Fixirung wie vorhin. — Färbung mit alcoholischem Boraxcarmin nach Grenacher.

Sagittalschnitt. — Schnittdicke 8,0 μ. — Zeiss Oc. 2, Obj. D.

Rm = Rückenmark
Ch = Chorda
IS = innere Scheide
Ce = Chordaepithel
Chst = Chordastab
Bz = Bindegewebszellen.

Fig. V. Gesammtlänge des Thieres 28,0 mm. — Fortschreitende Entwickelung des Chordastabes, die Zellgrenzen werden erkennbar.

Fixirung: Flemming'sche Lösung 5 Stunden, dann 14 Stunden Chromessigsäure. — Färbung in alcoholischem Boraxcarmin nach Grenacher.

Sagittalschnitt. — Schnittdicke 8,0 μ. — Zeiss Oc. 2, Obj. D.

Rm = Rückenmark
Ch = Chorda
IS = innere Scheide
Chst = Chordastab
Ce = Chordaepithel
Bz = Bindegewebszelle.

Fig. VI, VII, VIII. Gesammtlänge des Thieres 33,0 mm. — Chordastab in dem Entwickelungstadium, wie ihn Fig. V auf einem Längsschnitt zeigt.

Fixirt wie das vorgehende. — Färbung in alcoholischem Borax-Carmin nach Grenacher.

Querschnitte. — Schnittdicke 8,0 μ. — Zeiss Oc. 2, Obj. D.

Zwischen den auf Fig. IV und V abgebildeten Schnitten lagen noch zwei Schnitte der Serie, Fig. V und VI sind aufeinander folgenden Schnitten entnommen.

Rm = Rückenmark
Ch = Chorda
IS = inner Scheide
Ce = Chordaepithel
Chst = Chordastab
As = Zellen der äusseren Scheide
pK = platte Kerne um den Chordastab
a = granulirte Stelle im Chordastab.

Fig. IX. Gesammtlänge des Thieres 27,5 mm. — Im proximalen Theil des Chordastabes deutliche Zellen in einer Intercellularsubstanz, — Uebergreifen der inneren Scheide auf den Stab.

Fixirung und Färbung wie vorhin.

Medianschnitt. — Schnittdicke 7,0 μ. — Zeiss Oc. 3, Obj. D.

Rm = Rückenmark
Ch = Chorda
IS = innere Scheide
Ce = Chordaepithel
a = 2 Kerne in einer Chordaepithelzelle
As = äussere Scheide
Chst = Chordastab
b = Kern im Chordastab, einer hyalinen Zelle dicht anliegend
M = Mitosen
Ac = Arteria caudalis
Bz = Bindegwebszellen.

Fig. X. Gesammtlänge des Thieres 27,0 mm. — Auftreten der Gliederung im Chordastab.

Fixirt zuert 5 Stunden in Flemmingscher Lösung, dann 14 Stunden in Chromessigsäure. — Färbung in alcoholischem Borax-Carmin nach Grenacher.

Sagittalschnitt. — Schnittdicke 8,0 μ. — Zeiss Oc. 3, Obj. A.

Rm = Rückenmark
Ch = Chorda
IS = innere Scheide
Chst = Chordastab
a = Die Stelle im Stabe mit umgewandelten Zellen
b = zwischen den umgewandelten Strecken befindl. Stellen.

Thesen.

1. Die Chorda dorsalis ist einer postembryonalen Weiterentwickelung fähig.
2. Die Bezeichnung „Chordaepithel“ muss fallen gelassen werden.
3. Das hintere Ende der Chorda dorsalis bei Amphibien und Reptilien verhält sich morphologisch nicht anders, als bei den Vögeln und Säugern.
4. Die Hämophilie kann nicht in allen Fällen als allgemeine Ernährungsstörung angesehen werden.
5. Die Anwendung von Fiebermitteln bei acuten Infectionskrankheiten ist nicht zweckmässig.
6. Die Drüsenschwellungen bei Carcinomen, besonders den ulcerirenden, sind nicht allein auf Carcinommetastasen zurückzuführen.
7. Secale cornutum ist kein Stypticum.
8. Wenn das Koch'sche Heilverfahren sich bewährt, so hat die Lungenchirurgie eine Zukunft.

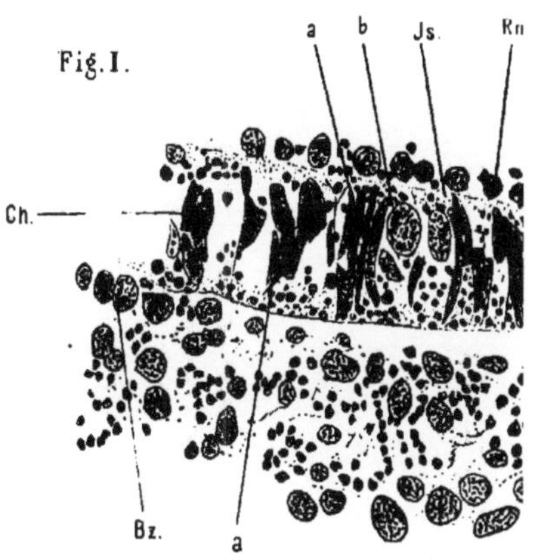

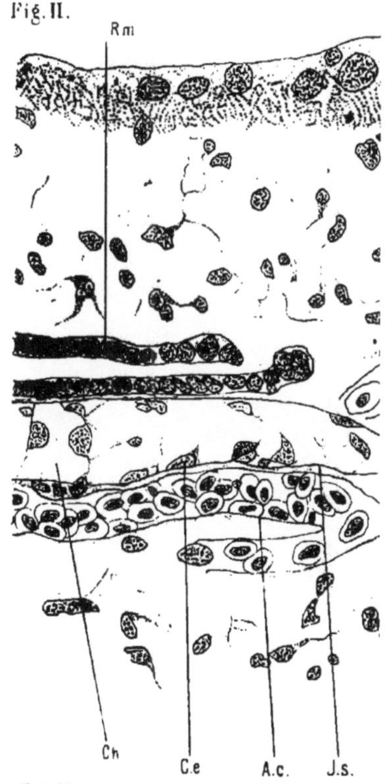

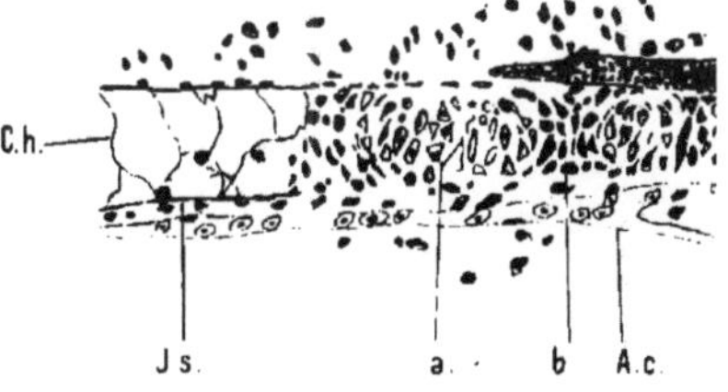

V. Schmidt del.

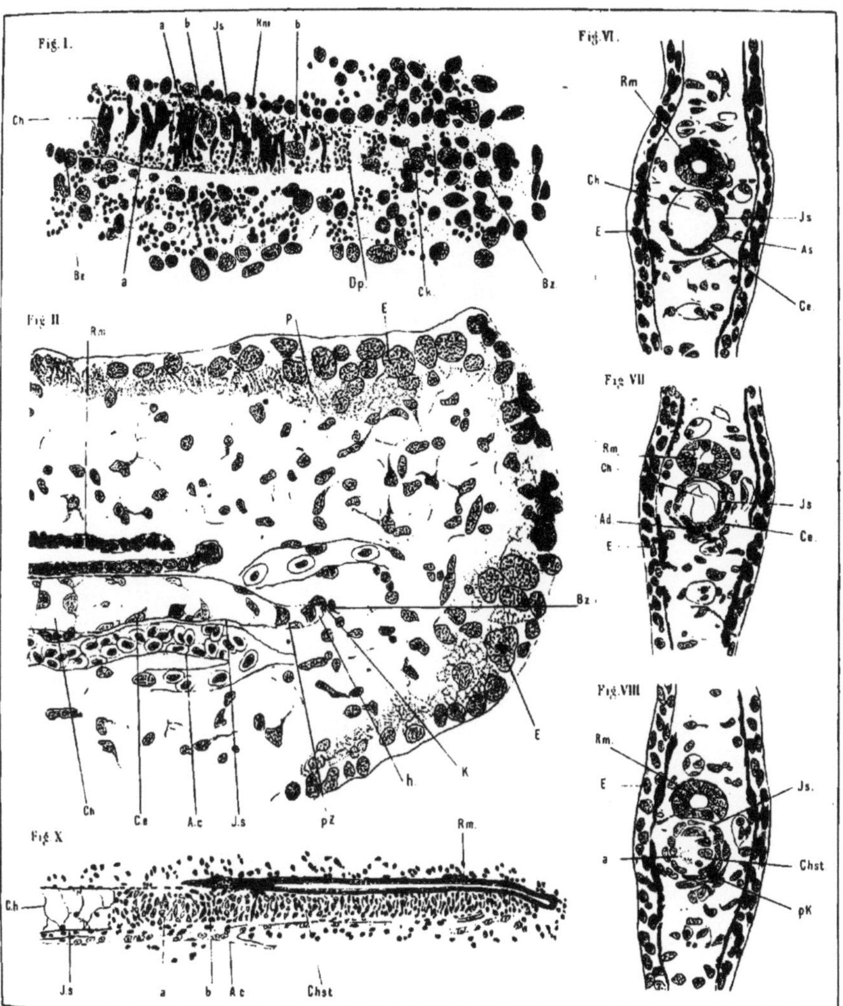

v. Schmidt del.

Fig. III.

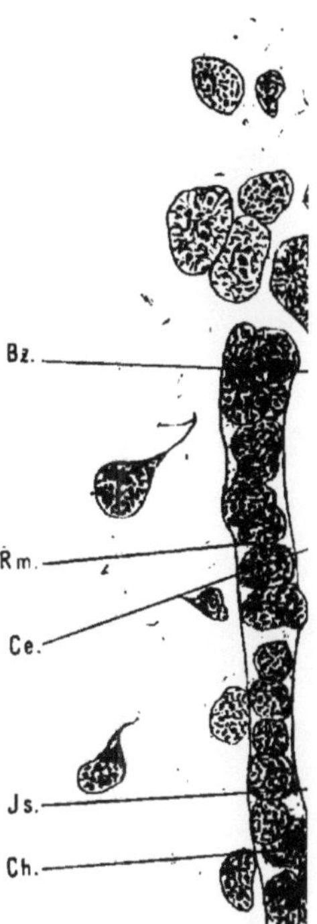

Fig. IX.

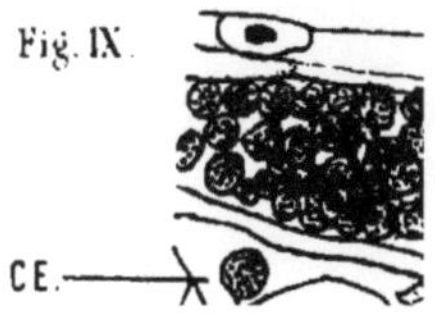

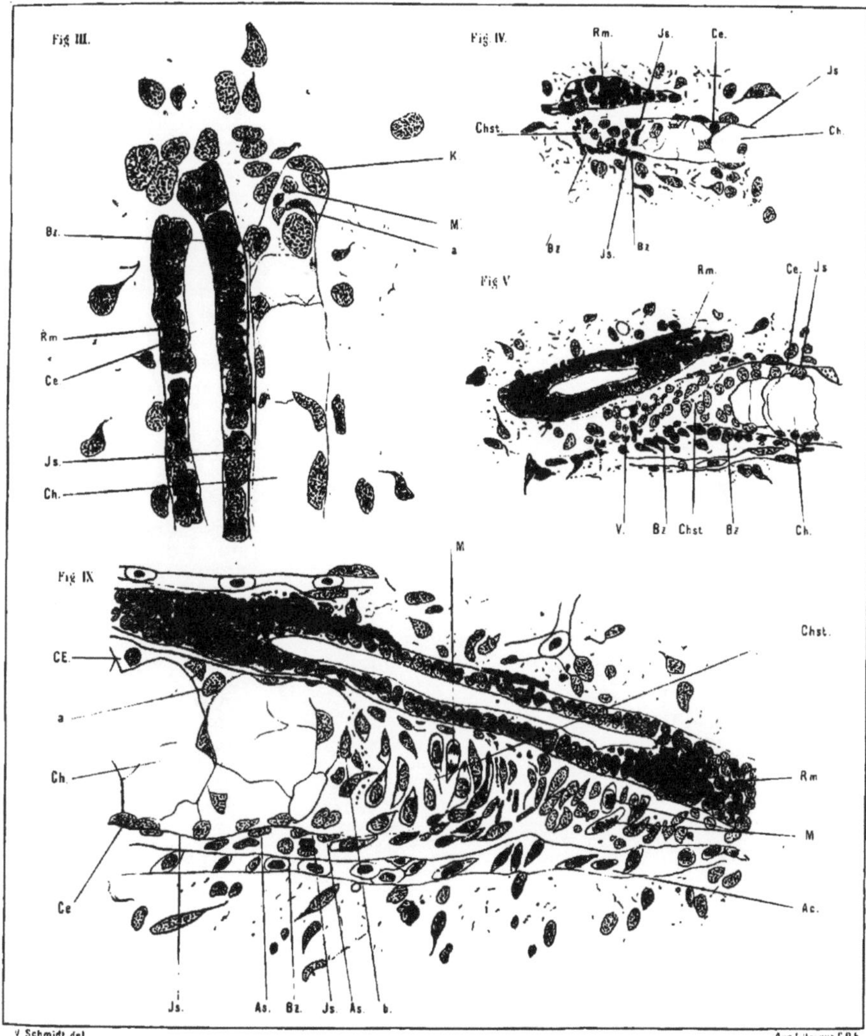

V Schmidt.del

Лит А Ильина С.П.б